DOCUMENTS

RELATIFS A LA

QUESTION SÉNÉGALAISE

DEUXIÈME PUBLICATION

BORDEAUX
IMPRIMERIE GÉNÉRALE D'ÉMILE CRUGY
16, rue et hôtel Saint-Siméon, 16
1870

QUESTION
SÉNÉGALAISE

SOMMAIRE

	Pages.
Lettre de S. Exc. le Ministre de la Marine aux négociants de Bordeaux..	5
Lettre des négociants de Bordeaux à S. Exc. le Ministre de la Marine....	7
Lettre de S. Exc. le Ministre du commerce aux négociants de Bordeaux.	9
Lettre des négociants de Bordeaux à MM. les Députés de la Gironde......	11
Lettre des négociants de Marseille à la Chambre de commerce de cette ville.	13
Pétition des habitants de Gorée à S. Exc. le Ministre de la Marine.........	15
Pétition des habitants de Saint-Louis à S. Exc. le Ministre de la Marine..	16
Notes sur les institutions politiques du Sénégal.................................	17

I

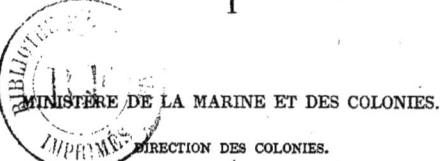

MINISTÈRE DE LA MARINE ET DES COLONIES.

DIRECTION DES COLONIES.

Réponse à une communication relative aux modifications
à introduire dans l'administration du Sénégal, etc.

Paris, le 28 octobre 1869.

Messieurs,

Vous m'avez fait l'honneur de m'entretenir de nouveau, dans une lettre du 23 septembre dernier, de la situation du Sénégal et des mesures politiques, militaires, administratives et financières qu'il y aurait lieu de prendre pour donner satisfaction aux aspirations du commerce de cette colonie.

Vous n'ignorez pas qu'un décret du 1er septembre dernier a créé une direction de l'Intérieur au Sénégal. Cette direction sera exclusivement consacrée à l'étude des questions qui intéressent le bien-être des populations, le développement de l'agriculture, du commerce, de l'instruction publique, des travaux publics, et généralement de toutes les branches de l'administration civile.

Une chambre de commerce sera, d'ailleurs, prochainement créée à Saint-Louis.

Je vais envoyer vos propositions à l'examen de M. le Gouverneur de la colonie; mais, dès à présent, je dois vous faire observer que je n'entrevois pas bien les avantages à attendre de l'adoption de la séparation financière de Saint-Louis et de Gorée, qui, après avoir formé deux établissements distincts et complètement indépendants l'un de l'autre, ont été réunis en une seule et même colonie, sur la demande instante du commerce. Je me bornerai à signaler, incidemment, ce qu'il y aurait d'anormal à répartir entre ces deux points la subvention de la métropole au prorata de leurs recettes respectives, en sorte que le subside serait d'autant plus élevé qu'il serait moins nécessaire. Il y a là, tout au moins, une apparence de contradiction qui appelle des explications que je vous prie de m'adresser.

Je vous ferai connaître, ultérieurement, le résultat de l'étude à laquelle votre communication va être soumise.

Recevez, Messieurs, l'assurance de ma considération distinguée.

L'Amiral, Ministre Secrétaire d'État
au département de la Marine et des Colonies,

A. RIGAULT de GENOUILLY.

II

A Son Excellence Monsieur le Ministre de la Marine
et des Colonies, à Paris.

Bordeaux, 8 novembre 1869.

Monsieur le Ministre,

Nous avons l'honneur de répondre à la dépêche que Votre Excellence nous a adressée le 28 octobre dernier.

Nous ignorions, le 23 septembre, l'existence du décret du 1er du même mois, créant une direction de l'Intérieur au Sénégal. Cette création, dont nous ne contestons pas l'utilité au point de vue administratif, ne répond pas aux aspirations actuelles de la colonie; une Chambre de commerce n'ayant que le droit d'exprimer des vœux, ne satisferait pas davantage l'opinion publique; aussi insisterons-nous auprès de Votre Excellence pour obtenir la réalisation du programme que nous avons eu l'honneur de vous adresser.

Nous nous empressons, en terminant, de répondre à l'objection présentée par Votre Excellence au sujet de la séparation financière de Saint-Louis et de Gorée. Nous ne demandons pas la séparation administrative et politique, mais simplement une répartition plus juste des revenus entre les deux colonies sœurs, afin d'éviter des tiraillements qui se sont déjà produits. Il ne s'agit donc que d'une simple question de comptabilité très-facile à résoudre. — Gorée ayant moins d'importance que Saint-Louis, nous croyons juste la base de répartition que nous avons proposée à Votre Excellence, car, d'après ce système, celle des deux colonies qui a le moins de revenus a une part proportionnellement moindre dans la subvention accordée par la métropole.

Nous avons l'honneur d'être,

Monsieur le Ministre,

de Votre Excellence,

les très-humbles et obéissants serviteurs.

Signé BARRÈRE ; — E. CALVÉ ; — A. TEISSEIRE ET FILS ; — P. DOMECQ ; — J.-H. TANDONNET FRÈRES ; — CHAUMEL, DURIN ET Cie ; — DEBOTAS, DAVAL ET Cie ; — MAUREL FRÈRES, DEVÈS ET G. CHAUMET ; — H. JAY ; — MARC MERLE, NEVEU ET FILS.

III

MINISTÈRE DE L'AGRICULTURE ET DU COMMERCE.

DIRECTION DU COMMERCE EXTÉRIEUR.

Réponse à une communication du 25 septembre.

Paris, le 10 novembre 1869.

Messieurs,

Vous m'avez adressé, le 25 septembre dernier, copie de la lettre et du mémoire explicatif que, de concert avec divers négociants de Bordeaux en relations d'affaires avec le Sénégal, vous avez fait parvenir, le 23, à M. le Ministre de la Marine et des Colonies, et par lesquels vous sollicitez certaines modifications à l'organisation politique, militaire, administrative et financière de cette colonie.

M. le Ministre de la Marine et des Colonies, que j'avais entretenu de votre nouvelle communication, m'a transmis, le 28 octobre, copie de la réponse qu'il a faite, le même jour, à la requête que vous lui aviez adressée directement.

Je ne puis, Messieurs, que me référer aux explications contenues dans la réponse de mon collègue, et qui donnent à votre nouvelle communication la satisfaction qu'elle comporte.

Recevez, Messieurs, l'assurance de ma parfaite considération.

Le Ministre de l'Agriculture et du Commerce,

Alfred LEROUX.

IV

Bordeaux, novembre 1869.

Messieurs Chaix-d'Est-Ange, Jérôme David, E. Dréolle, N. Johnston, Amédée Larrieu, Jules Simon,

Députés de la Gironde, à Paris.

Messieurs,

Les échanges qui se font au Sénégal étant alimentés en grande partie par le commerce bordelais, nous avons l'honneur de vous envoyer une brochure contenant les documents relatifs à une demande que nous avons adressée plusieurs fois à S. Exc. le Ministre de la Marine et des Colonies, et qui n'a pas encore reçu de solution satisfaisante.

Jusqu'ici le Sénégal a été livré au pouvoir discrétionnaire des Gouverneurs : nous demandons le contre-poids d'un Conseil colonial élu, chargé simplement d'exprimer des vœux et de voter le budget des recettes et des dépenses. La Chambre de commerce que nous promet M. le Ministre n'a pas été demandée par les intéressés, attendu que la colonie jouit de la liberté absolue des échanges, et qu'il n'y a, par conséquent, aucune question commerciale à étudier.

Si avant l'ouverture des Chambres nous recevons d'autres documents relatifs à cette question, à la solution de laquelle nous attachons le plus grand prix, nous aurons l'honneur de vous les acheminer.

Nous venons vous prier, Messieurs, de vouloir bien vous concerter au sujet de la meilleure direction à donner à cette affaire; vous voudrez bien aussi entretenir officieusement M. le Ministre de la mission que nous avons l'honneur de vous confier, afin que le sort de la colonie Sénégalaise soit fixé en même temps que celui de la Réunion et de nos deux colonies des Antilles.

Veuillez agréer, Messieurs, avec nos remercîments, l'assurance de notre parfait dévouement.

Les Membres de la Commission,

Signé Marc MAUREL, J. MERLE, Henry JAY.

V

Monsieur le Président,

Messieurs les Membres de la Chambre de commerce
de Marseille.

Marseille, le 16 novembre 1869.

Messieurs,

Nous avons l'honneur de vous envoyer une brochure contenant des documents relatifs à une demande que MM. les Négociants de Bordeaux faisant le commerce au Sénégal ont adressée plusieurs fois à Son Excellence M. le Ministre de la Marine et des Colonies, et qui n'a pas encore reçu de solution définitive.

Nous vous remettons aussi copie d'une lettre adressée par ces messieurs à MM. les Députés de la Gironde. Vous verrez par cette lettre que MM. les Négociants de Bordeaux prient MM. les Députés de la Gironde de vouloir bien appuyer la demande qu'ils ont faite à M. le Ministre de la Marine et des Colonies, et qui a pour but d'obtenir la création d'un Conseil colonial élu, chargé d'exprimer des vœux et de voter le budget des recettes et des dépenses, ce qui pourrait contre-balancer ainsi le pouvoir discrétionnaire des Gouverneurs.

Nous ne pouvons que nous associer aux désirs des négociants de Bordeaux ; nos intérêts sont les mêmes que les leurs, et, comme eux, nous souffrons de l'état actuel des choses. Nous vous prions donc de vouloir bien faire parvenir nos vœux à Son Excellence le Ministre de la Marine et des Colonies, et de solliciter l'intervention de MM. les Députés des Bouches-du-Rhône, afin qu'ils s'associent à la demande de MM. les Députés de la Gironde.

Recevez, Messieurs, l'assurance de notre considération la plus distinguée.

Signé PASTRÉ FRÈRES ; — ITIER AÎNÉ ET BLANCHARD ; — SPIELMANN ET LALLEMENT ; — MAGNAN FRÈRES ; — C. A. VERMINCK ET Cie ; — PARANQUE ; — J^h RANQUE ; — GOUNELLE ; — C. MOUTET ; — A. GUIS ET Cie ; — SCHLOESING FRÈRES ET GRAVIER, — FILS DE ROUX.

VI

Une pétition conçue dans les mêmes termes que la lettre adressée au Ministre de la Marine, le 23 septembre 1869, par les négociants de Bordeaux *(Voir la première publication, page 26)*, a été signée et adressée à Son Excellence par les négociants de Gorée ci-après dénommés :

P^r p^{on} DEVÈS & G. CHAUMET : FORNIER.
    CLERMONT.
    Veuve LABESCAT.
    Ch. MAUREL.
    L. POHU.
    CHAUSSENDE.
    A. SENIÉ.
    E. DESRUELLES.
    MONIÉ et fis.
    Jh. BOUCHER.
    P. SICAMOIS.
    E. ROUSSEAU.
    BONNEMAISON.
    BOURCIAC.
    LAGAHUZÈRE.
    Veuve GENT.
    E. CARRÈRE.
    MAUREL frères.
    Veuve MAUDHEUX.

P^r p^{on} Marc. MERLE, neveu et fils.
    M. PESNEL.
P^r p^{on} PASTRÉ frères.
    G. THÉRAISOL.
    E. DEVÈS.
    A. MENARD.
    ARMSTRONG.
    BOUET.
    N^{as} AUBERT.
    J. MOTHES.
    ANGRAND.
    P. BODIN.
    LEROY.
    Veuve FRANCIÉRO.
    L. DUPONT.
    AMADOU BOUSSO.
    Veuve DESCHAMPS.

    Trois signatures illisibles.

Une pétition semblable a été adressée le même jour à M. le Ministre de la Marine par les négociants de Saint-Louis ci-après dénommés :

V. ROBERT.	L. D'ERNEVILLE.
A. GRANGES.	G. FOY.
Eug. DESTIGNY.	L. DESCEMET.
E. DOUS.	E. HÉRICÉ.
ROUSSEAU.	A. HÉRICÉ.
A. BÉZIAT.	ROUX.
V. GONNET.	AUDIBERT.
C. SABRIÉ.	Ch. VALANTIN.
BOHN.	A. GUILLABERT.
Ph. DELL ADAMINO.	R. MARTIN.
P. AGAISSE.	Th. PÉCARRÈRE.
Ch. PELLEGRIN.	PRENDERGAST.

VII

NOTES SUR LES INSTITUTIONS POLITIQUES DU SÉNÉGAL.

Municipalité.

La Municipalité se compose d'un maire et de deux adjoints, nommés par le Gouverneur. La première nomination à la fonction de maire remonte à l'année 1816. Un arrêté du 18 novembre 1823 nomme deux adjoints. L'arrêté du 27 novembre 1848 alloue au maire une somme de *quatre mille francs* par an pour frais de représentation : cette allocation subsiste encore. Les pouvoirs des maires et des adjoints, leur mode de nomination, leurs attributions sont déterminés par un arrêté du 1er décembre 1848.

Comité de commerce.

Une dépêche ministérielle du 7 septembre 1825 provoque un arrêté, en date du 7 novembre de la même année, qui prescrit l'établissement, à Saint-Louis, d'un Comité de commerce composé de *sept* membres, nommés, la première année, par le Gouverneur. Les attributions de ce Comité sont très-restreintes. Un arrêté du 5 novembre 1827 porte le nombre des membres de *sept* à *douze*. Le 26 juin 1834, un arrêté réorganise le Comité, et remet l'élection de ses membres aux notables.

Un arrêté du 15 septembre de la même année prescrit la formation, à Gorée, d'une Commission commerciale composée de *sept* membres et chargée en partie des fonctions attribuées au Comité de commerce de Saint-Louis. Par suite de certaines dispositions de l'ordonnance organique du 7 septembre 1840, un arrêté du 27 décembre 1842 réorganise le Comité de commerce à Saint-Louis et à Gorée, modifiant quelques-unes de ses attributions, et supprimant celles qui sont conférées au Conseil général et au Conseil d'arrondissement créés par cette ordonnance. Un arrêté du 7 août 1854 révise encore l'organisation du Comité, en décidant que *quatre* membres seront appelés au Conseil d'administration, avec voix consultative, toutes les fois que le Conseil traitera des questions qui auront été soumises au Comité. Le Comité et la Commission sont dissous par un arrêté du 24 novembre 1854. Ils n'ont pas été réorganisés depuis cette époque.

Ordonnance royale du 7 septembre 1840.

La colonie du Sénégal est régie par l'Ordonnance organique du 7 septembre 1840. Cette Ordonnance détermine :

1° Les formes du gouvernement (titre Ier) ;

2° Les pouvoirs militaires du Gouverneur (titre II, chapitre Ier) ;

3° Les pouvoirs administratifs du Gouverneur (titre II, chapitre II);

4° Les pouvoirs du Gouverneur relativement à l'administration de la justice (titre II, chapitre III);

5° Les pouvoirs du Gouverneur à l'égard des fonctionnaires et agents du Gouvernement (titre II, chapitre IV);

6° Les rapports du Gouverneur avec les puissances étrangères (titre II, chapitre V);

7° Les pouvoirs des Gouverneurs à l'égard de la législation coloniale (titre II, chapitre VI);

8° Les pouvoirs extraordinaires du Gouverneur (titre II, chapitre VII);

9° La responsabilité du Gouverneur (titre II, chapitre VIII);

10° Les attributions du Chef du service administratif (titre III);

11° De l'Inspecteur colonial (titre IV);

12° Du Conseil d'administration (titre V);

13° Du Conseil général de la colonie, du Conseil d'arrondissement et du Délégué (titre VI).

TITRE II. — DU GOUVERNEUR.

CHAP. II. — *Du pouvoir administratif du Gouverneur.*

32. § 1. — Le Gouverneur a dans ses attributions les mesures de haute police.

§ 2. — Il a le droit de mander devant lui, lorsque le bien du service l'exige, tout négociant, habitant ou autre individu qui se trouve dans l'étendue de son gouvernement.

§ 3. — Il écoute et reçoit les plaintes et griefs qui lui sont adressés individuellement par les habitants de la colonie ; il en rend compte à notre Ministre de la Marine, en lui transmettant toutes les pièces officielles, et il lui fait part des mesures qu'il a prises pour y porter remède.

§ 4. — Aucun individu libre ne peut être arrêté par mesure de haute police que sur un ordre signé du Gouverneur. Il peut interroger le prévenu et doit le faire remettre, dans les vingt-quatre heures, entre les mains de la justice, sauf le cas où il est procédé contre lui extrajudiciairement, conformément à l'article 54.

§ 5. — Le Gouverneur interdit ou dissout les réunions ou assemblées qui peuvent troubler l'ordre public ; s'oppose aux adresses collectives et autres du même genre, quel qu'en soit l'objet, et réprime toute entreprise qui tend à affaiblir le respect dû aux dépositaires de l'autorité.

Chap. VII. — *Des pouvoirs extraordinaires du Gouverneur.*

54. § 1. — Dans les circonstances graves, et lorsque le bon ordre et la sûreté de la colonie le commandent, le Gouverneur, en conseil, peut prendre, à l'égard des individus de condition libre qui compromettent ou troublent la tranquillité publique, les mesures ci-après, savoir :

1° L'exclusion pure et simple de Saint-Louis ou de Gorée ;

2° La mise en surveillance dans une de ces localités. Ces mesures ne peuvent être prononcées que pour deux années au plus. Pendant ce temps, les individus qui en sont l'objet peuvent s'absenter de la colonie ;

3° L'exclusion de la colonie à temps ou illimitée. Cette mesure ne peut être prononcée que pour des actes tendant au renversement du régime constitutif de la colonie.

Les individus nés, mariés ou domiciliés dans la colonie ne peuvent en être exclus pour plus de sept années.

Le Conseil d'administration était composé du Gouverneur, du Chef du service judiciaire, du Chef du service administratif, de l'Inspecteur colonial et de deux habitants notables. Le décret du 1er septembre 1869 y adjoint le Directeur de l'Intérieur et un habitant notable ; ce qui porte à *huit* le nombre des membres du Conseil (titre v, chapitre i, 97 à 99).

La forme des séances du Conseil d'administration est traitée dans le titre v, chapitre ii, 100 à 103.

TITRE V. — Du Conseil d'administration.

Chap. III. — *Des Attributions du Conseil.*

Section première.

109. § 1. — Le Conseil ne peut délibérer que sur les affaires qui lui sont présentées par le Gouverneur ou par son ordre, sauf les cas où il juge administrativement.

§ 2. — Les projets d'ordonnances, d'arrêtés, de règlements, et toutes les affaires qu'il est facultatif au Gouverneur de proposer en Conseil, peuvent être retirées par lui lorsqu'il le juge convenable.

110. § 1. — Les pouvoirs et attributions qui sont conférés au Gouverneur par les articles 12, § 5; 14, 15, 17, §§ 1 et 2; 19, 20, §§ 2 et 3; 21, 22, §§ 1 et 2; 23, 24, § 2; 27, 28, 37, 38, 47, §§ 1 et 2; 49, §§ 2 et 3; 51, 52, 53, 54, § 1; 55, 56 et 57, ne sont exercés par lui qu'après avoir pris l'avis du Conseil d'administration, mais sans qu'il soit tenu de s'y conformer.

§ 2. — Dans tous les autres cas, le Gouverneur ne prend l'avis du Conseil que s'il le juge nécessaire.

111. § 1. — Tout membre titulaire peut soumettre au Gouverneur, en Conseil, les propositions ou observations qu'il juge utiles au bien du service. Le Gouverneur décide s'il en sera délibéré.

§ 2. — Mention du tout est faite au procès-verbal.

TITRE VI. — Du Conseil général de la colonie, du Conseil d'arrondissement, et du Délégué.

Le Conseil général était composé de dix membres élus à la majorité des suffrages dans une assemblée composée de soixante notables dont la liste était dressée chaque année par le Gouverneur en Conseil. Les conseillers généraux étaient nommés pour cinq ans.
Le Conseil d'arrondissement de Gorée était composé de cinq

membres élus dans les mêmes conditions que les membres du Conseil général.

« 116. — Il sera établi à Saint-Louis un Conseil général dont
» les attributions consisteront à donner annuellement son avis
» sur les budgets et les comptes de recettes et dépenses colo-
» niales, et à faire connaître les besoins et les vœux de la
» colonie relativement au service. »

« 118. § 1. — Il sera établi, à l'île de Gorée, un Conseil
» d'arrondissement composé de cinq membres. Ce Conseil
» donnera son avis sur les besoins de l'établissement. »

Le Conseil général à Saint-Louis et le Conseil d'arrondissement à Gorée ont fonctionné régulièrement jusqu'à la promulgation, dans la colonie, du décret du Gouvernement provisoire du 27 avril 1848, qui abolissait les Conseils coloniaux et généraux des colonies françaises. La colonie a eu pendant ce même laps de temps un Délégué à Paris (titre VI, article 121).

De 1848 à 1851, un représentant à l'Assemblée nationale; et depuis 1852, pouvoir absolu.

Bordeaux. — Imprimerie générale ÉMILE CRUGY, rue et hôtel Saint-Siméon, 10.

www.ingramcontent.com/pod-product-compliance
Lightning Source LLC
Chambersburg PA
CBHW070453080426
42451CB00025B/2723